봄이 오면

봄이 오면

공범식 시집

세종출판사

••• 시인의 말

세상의 거친 물결 속에서 속삭이듯
아련하게 들려오는 이야기들

삶속에서 그리움을 달래지 못해 문밖으로
나온 글꼴들이, 온천천 시화전 저의작품을
독자님께서 인터넷 블로그 올려주신 감동
깊은 감사를 드리며
누군가 감동과 위로가 되도록 더 낮은 자세로
두려움과 설렘으로 첫 시집으로 찾아뵙습니다.

차례

시인의 말 / 5

제1부 봄이 오면

봄이 오면 ······ 13
그리운 봄 ······ 14
궁채 ······ 15
로즈의 웨이터 ······ 16
기다림 ······ 17
꿈꾸는 새벽 ······ 18
유람선 ······ 19
달빛그릇 ······ 20
막내아들 ······ 21
메밀꽃 사랑 ······ 22
보름달 ······ 23
기다림 ······ 24
해운대 사랑 ······ 25
호랑나비 ······ 26
청자 빛 사랑 ······ 28
찻집 ······ 29
짝사랑 ······ 30
봄비 ······ 31
청보라 빛 ······ 32
목련꽃 ······ 33
성불사 약수터 ······ 34
새콤달콤 ······ 35
장산자락 ······ 36

제2부 꿈꾸는 사월

공감共感 …… 39
억새풀 …… 40
퇴근길 …… 41
어느 봄날 …… 42
꿈꾸는 사월 …… 43
파도 …… 44
단풍 …… 45
미나리하우스 …… 46
천사와 25시 …… 47
봄볕 …… 48
와글와글 …… 49
운몽雲夢 …… 50

제3부 시인의 시각

뜻밖의 만남 …… 53
화요일의 꿈 …… 54
가을 독백 …… 55
광안리 바닷가 2 …… 56
가을바람 …… 57
쏘가리와 전쟁 …… 58

대빗자루 ········ 60
마당쇠 ········ 61
조경사 ········ 62
우주의 능력자 ········ 63
zest ········ 64
미완성 ········ 65
秋夢 ········ 66
게릴라 장마 ········ 67
갯벌에서 꿈을 캐는 어부 ········ 68
거미집에 숨어들어간 나방 ········ 70
고드름 ········ 72
스태그플레이션 ········ 73
낙타 ········ 74
날수 없는 날개 ········ 75
두 얼굴 ········ 76
마법 같은 하루 ········ 77
만상萬祥 ········ 78
목단 꽃 ········ 79
몽골 맘 ········ 80
미꾸라지 ········ 81
봄바람 ········ 82
블랙스테이크 ········ 83
빛과 그림자 ········ 84
빵 ········ 85
화요일의 천사 ········ 86

핸드백 ······ 87
해초亥初 ······ 88
편견의 저울 ······ 89
폭우가 쏟아지던 날 ······ 90
킥 배달 ······ 92
장마 2 ······ 93
창 밖에 ······ 94
장마 ······ 95
잔영殘影 ······ 96
인생사계절 ······ 97
실버카드 ······ 98
스토리 웨이(story way) ······ 99

제4부 하얀 추억

두부 ······ 103
말티고개 ······ 104
김장독 ······ 106
49제 ······ 107
그린벨트 ······ 108
기일忌日 ······ 109
동심 ······ 110
두레박줄 ······ 111

호박꽃 ········ 112
하얀 추억 ········ 113
유품 ········ 114
어느 날 겨울 ········ 115
음메 ········ 116
추석성묘 ········ 118
섬진강 ········ 120

제5부 울 엄마 (詩 장미옥)

울 엄마 ········ 123
노닥노닥 ········ 124
어머니의 곳감 ········ 126
막내딸 ········ 127
도시의 방랑자 ········ 128
忌日막내사위 ········ 129

■ **시평** / 131

문인선 – 자연 친화적 동심과 그리움,
仁의 실천적 시 세계

제1부

봄이 오면

봄이 오면

봄이 오면
노랑나비 날개 짓고 꽃길 따라 가신당신
그렇게도 그리움에
뒤뜰에 개나리 울타리를 치셨나요?

여름밤이면 뒤뜰에 장맛비 폭포수로
여린 가슴 달래시느라
졸졸졸 시를 밤새도록 읊으신 당신

깊어가는 가을밤이면
뒷산에 소쩍새 되어
그렇게도 구슬프게 울던 당신

긴긴 동짓달 밤이면
시리고 시린 그믐달 되어
밤새도록 지켜보시든 당신

뒤뜰에 쳐놓으신
개나리 울타리위에
그리운 사모곡을 써봅니다.

그리운 봄

저 건너 산기슭에 먼동이 트면

잠이 들깬 앞치마 두루 시고
텃밭에 호미자루 어둠을 깨워
산 꿩 소리와 밭을 일구시던 어머니

넓은 햇살 펼쳐들 땐,
논두렁 산골짜기 외딴 하늘이 맞닿은
세상이 살아 숨 쉬게 하던 우편배달가방

서산 너머 가는 해는
아쉬움에 어여쁜 저녁노을 펼쳐놓고
밤이면 뒷산에 부엉이 울던 고향집

봄은 어디가고 향기만 자욱한 그리움
봄바람에 띄워 보내는 유년시절

궁채

상큼한 푼 냄새 물씬 나는
봄바람 일렁이는 담벼락 옆에 끼고
친구와 밥상을 마주하고 앉아

아삭아삭한 식감을 깨물었더니
겨우내 주저앉은 입맛은 놀라
웅크린 봄의 짜릿한 전율에 텃밭으로
내달린다.

파하란 하늘엔
패러글라이딩 즐기는 또 다른 친구가
내려다보고 젓가락을 내민다.

하늘에서 날수 있는 게 있고
땅에서 날수 있는 게 있다

그것도 텃밭의 키다리 아가씨
부러질 듯 가는허리가 강단의
담금질로 새롭게 태어나면
줄기의 상큼함이 하늘을 날은다.

로즈의 웨이터

철길에 홀로 피어있는 너의 모습
안쓰러워 오늘도 발길을 멈춘다.

황화코스모스 줄지어 있는데
너는 왜 혼자 서있나

겨울 내내 울타리 너머 동백꽃
만개 할 때 외로이 바라만 보더니

예쁘게 꽃피워 차례입고 누굴 기다려
열차만 바라보고 서있나

바람결에 떨어지는 너의 꽃잎은
내 마음속에 뿌리 내려
장미꽃 한 송이 다시 피어난다.

기다림

귀뚜라미 슬피 울던 밤
세찬 가을바람 스쳐간
낙엽을 밟으며 흔들리는 가슴
푸른 넥타이로 묶어본다

청포도 알알이 매달린
설익은 가슴으로 단풍잎 휘날리는
가을 하늘 바라보니

정갈한 그 마음 묻어있는
푸른 하늘 뭉게구름사이로
오지 않는 그 사랑을
기다려 보는 그 길목에서서

꿈꾸는 새벽

뒷산솔바람은 창문을 타고 넘어
심야의 벽을 두드리고

방 한쪽 건너 서재에는
노트북 소리
새벽의 고요함을 깨트린다.

홀로선 노년은 외롭다 하기도 서러워
새벽의 담을 몰래 넘고 보니

아차,
갈 곳을 찾지 못 했구나.
어둠의 골목길을 벗어나니

외롭게 떠있는 새벽달은
홀로선 노년을 벗 하자하네.

유람선

황령산 벚꽃은 어김없이 피고
부산항 소리 없는 뱃고동소리
가슴에 메아리치는
바다를 머리에이고 사는
자갈치시장 비릿한 해초 내 음위로
뛰어오르는 생선들 꿈틀거림
왁자지껄, 살아 숨 쉬는 부산사람들 소리

광안대교 타고 오르면
새색시 치마폭 같은 광안리 바닷가
저 멀리 수평선엔 그림 같은
하얀 요트가 홀로 손짓 하네

유혹을 뿌리치고 돌아서니
꾸짖듯 서있는 장산자락 펼쳐지고
동백꽃 한 아름 안기어오는
해운대 동백섬에 내 가슴 내어주고
2030 부산엑스포 가슴에 품어본다.

달빛그릇

자정너머 창밖에 반 그릇의 달빛이
책장을 넘겨다보고

그 모습이 너무나 예뻐 그릇에 담으려니
깨어질까 담을 수가 없다

외진 새벽산책로의
가로등 소나무에 기대어 졸며 서있고

세상은 잠들어도
시계의 멈추지 않는 심장 소리

재깍 재깍
쉬지 않고 달빛 속으로 뛰고 있다.

막내아들

새벽 담을 뛰어 넘는 까톡 소리에
불현듯 떠오르는 그리움

붉게 닳아 오른 눈빛을
작은 고리에 꿰어 넣던 그 사랑

신문 배달하던 막내아들
길에서 어쩌다 만나시면 꼬깃꼬깃 접어둔
동전 몇 개 건네시던, 그 아픈 사랑

새벽 창문을 적시는 그리움이
돈키호테 같은 막내아들을 불러들인다.

붉게 젖은 눈빛을
작은 고리에 꿰어 넣던 아버지의 사랑

이제는 알 것만 같은데,
돈키호테 같은 내 아들이 들어앉는다.

메밀꽃 사랑

우아하고 청순한 인연으로 만나
청명한 내 마음속 우아한
메밀꽃향기로 채워준 당신

가정이란 재목으로 집을 짓고
행복이란 글자로 지붕을 올릴 수 있어
고맙고 감사한 당신

긴 세월 절망의 순간에도 다시 꽃피워
오늘에 이르러 참으로 감사한 세월
메밀꽃향기로 채워준 당신

지나온 세월보다 앞자락 세월은 우아하고
더 아름다운 메밀꽃 향기로 채워갑시다
메밀꽃 당신 사랑합니다.

아내에게 보낸 편지

보름달

기다렸던 추석날밤에는 보지 못했던
너무나 고운 당신을 만났습니다.
그 속에 이 세상 가장 따뜻한
당신의 눈빛이 어리어 있었습니다.

고운모습 놓치지 않으려 뒤 쫓았지만
야속하게도
건물 뒤편에 돌아서서 훔쳐보던 당신
출근길 이른 새벽
35층 발코니에 맥없이 주저앉아

어젯밤 그 고운모습 어디다두고
밤새도록 기다리다 지친 모습 그대로
나를 기다리고 있었구려.

기다림

귀뚜라미 슬피 울던 밤
세찬 가을바람 스쳐간
낙엽을 밟으며 흔들리는 가슴
푸른 넥타이로 묶어본다

청포도 알알이 매달린
설익은 가슴으로 단풍잎 휘날리는
가을 하늘 바라보니

정갈한 그 마음 묻어있는
푸른 하늘 뭉게구름사이로
오지 않는 그 사랑을
기다려 보는 그 길목에서서

해운대 사랑

광안대교 아래 비단결 같은
고요한 아침바다
어머니 치마 자락 안긴 듯
내 가슴 푸근하고

장산중턱에 걸친 운무雲霧는
어버이 넓은 가슴 같아라.
오륙 도 돌아가는 유람선위 갈매기는
나그네 발걸음 외롭게 하네.

처녀 댕기머리 땋은 듯
어여쁜 청사 포 앞 바다
미포기암奇巖절경 낯 선이 발걸음에
새아씨처럼 수줍어한다.

아름다운 해운대 동백섬에
옛사랑 묻어두고
온천수 맑은 물에
애달픈 가슴을 씻어본다.

호랑나비

봄꽃이 지기 전에 부지런하게 날아야하는
나는 새벽부터 날개를 저어본다

오늘은 상사로부터 새로운 미션을 받았다.
절벽위에 매달린 꿀을 따오라는 지시가 떨어진다.
엄청난 험지에 말벌들이 득실거린 곳
어쩌면 영혼을 던져버려야 살아 돌아올지 모른다.

어제는 산속을 더듬는 날개로 야근하고 있는데
흥분된 아내의 목소리가 어둠을 뚫고 건너왔다
코로나 사태로 이십 만원을 넘나드는 편의점
매출이 오늘은 담배 몇 보루 파는 바람에
육십만은 넘었다고 모처럼의 아내의 밝은 목소리,
서글픈 세레나데는 힘없는 날개를 주저앉힌다.

그렇게 맑고 고운소리의 아내가 언제가 부터
쉰 탁한 목소리로 건너올 때
호랑나비는 서글픔을 날개위에 그린다.
나의 가슴에 그려진 아내의 아픔의 줄무늬가
호랑나비와 꼭 같기 때문이다.
코로나 바이러스로 축 처진 아내의 어깨와

점점 잠겨 들어가는 쉰 목소리, 물리학적 현실을
고쳐줄 명의는 없는 것일까?
예측 불가능한 세상
작년 친구의 권유로 나는 서투른 날개를 저으며
생존의 처녀비행이 시작되었다
호랑나비는 생존을 위한 23시의 불빛 아래로 날고 있다.

희미한 가로등을 거울삼아 예쁜 척 뽐내는
벚꽃나무 사이로 "찹쌀떡" "망개떡" 외침이
까마득한 옛 추억을 일으켜 세운다.
유년시절의 온갖 힘들었던 일들이 밤하늘에
반짝이는 별들이되 떠오른다.
편의점 매출을 살릴 수 없어 비 올 때면
우산을 들고 밖으로 나가 여행객들에게
판매하려는 호랑나비 투 잡의 날개는 무겁기만 한데
컵라면 하나로 저녁을 때울 때, 황급히 문밖으로 나서며
아내는 반려 견 블랑이 저녁걱정만 하고 떠난다.
아내의 사랑을 가로채 갔지만,
내가 퇴근시간 즈음해 아파트현관에 나와 기다리며
엘리베이터 소리에 민감하게 짖어댄다.
매출감소로 알바직원을 쓰지 못해 새벽 다섯 시
집을 나서야 하는 아내가 코를 골며 자는 모습에
호랑나비는 이슬이 내리는 눈동자로 이글을 쓴다.

청자 빛 사랑

1. 청자 빛 사랑 검붉게 물든
유월의 밤바람 잠재우고

침묵은 내 가슴 일으켜 세우고
지적인 숨결이 흐르는
고즈넉한 사랑의 밤
달빛 속, 그리움 내 가슴에 잠든다.

2. 파도 물결 따라 철석 이는
갯바위 시 퍼런 멍 자국
하얀 거품 속에 감추고

갈매기 등대 위 가뿐이 앉아
외롭게 추파를 던지는
출렁이는 낚시 배 쿨러에는
껌뻑거리는 볼락의 눈동자

찻집

아름다운 저녁노을 너울 삼아
저 멀리 수평선 바라보니
석양을 등불삼아 뱃사람은
용궁아래 외로운 길 떠나가고

서산에 기우는 석양빛을 타고
다가선 아름다운 선녀는 살포시
내손을 잡는다.

달콤한 찻잔에 사랑의 배를 띄워놓고
아름다운 노을위로 노를 젓 는다.

서산 너머 가는 노을 따라 떠나가는
아름다운 선녀와 아쉬운 작별을 한다.
동트는 새벽을 기약하며 …

짝사랑

이다지도 고운바람
가슴을 잠재우고
두둥실 사랑하는 아들을
껴안을 때, 서늘한 바람
울컥 재운 가슴이 요동친다.

애비의 등을 다독 그리는
돈키호테 같은 내 아들
어찌 이다지도 가슴을 적시는지
한없이 모자라는 부모의 자리
줄게 없어 가슴 아프고
맥없이 떠나보내는 막내아들
늦게 뜨는 저녁밥술이 홀로 운다.

봄비

오월의 꽃잎은 지고
싱그러운 풀잎위에 내리는 봄비는
조용히 길 따라 흐르고

우산 속에 안겨있는 그리움은
봄비를 따라 길을 나선다.

대지를 적시는 빗방울에
오월의 푸른 꿈들은 기지개를 켜고
아카시아 향기 뭉클한
그리운 사랑이 손 짓을 한다.

청보라 빛

구월의 첫날
상큼한 가을을 보드득 깨물어 본다.

달력 한 장을 겨우 넘어선 가을은
아직도 설익은 채
보랏빛 향기 창문을 넘겨다보고

온통 가을의 텃세는 여기저기 모두가
자기 거라고 우기고 있다
그래 맞아, 구월은 분명 너의 것이다.

가을바람에 들뜬 사랑이 꿈틀거리고

귀뚜라미 우는소리 깊어가는 밤
칡넝쿨을 타고 올라온 가로등 불빛아래
풀벌레소리 애처로운 가을이 익어간다

목련꽃

올해는 못 보는 줄 알았던 너의 모습
여린 눈망울 빗방울 속에 껌벅 거리는구나.

뭉텅 잘려나간 가지에 가느린 손가락을 뻗어
겨울비속에 너의 쓰라린 상처를 달래는구나.

그래 알고 있다. 너의 아픔을
너를 보는 나의 가슴도 이렇게 애처로운데
그래도 조경사를 탓하지 마라
뿌리내린 이곳이 위태로운데 어쩌겠니?

이렇게라도 피어주어 고맙고 예쁘구나.
너의 눈망울에 맺힌 눈물을 보니
목련꽃 좋아 하시든 어머니 생각에 눈물이 난다.

성불사 약수터

아침이슬이
싱그러운 풀잎에 매달려
초록의 향기를 즐기고

어디선가 인기척에 놀란 다람쥐가
겨울잠에 깬 도토리를 내던지고
깊게 패인 도랑을 건너뛰며
불청객에 길잡이 자청하네.

산새들의 지저귐 소리
청명한 내 가슴 적시고
성불사 약수터 맑은 물
한 모금 보드득 깨물어 본다.

얼 사라.
내려다본 수영 강 나루터엔
어느새 저녁노을 짙게 드리운데
이따금 수면위로 뛰어 오른
숭어들 저녁노을에 유영遊泳을한다

새콤달콤

풀벌레소리 사이사이
산 까치가 베이스를 넣는 숲속에서
긴 소매를 걸친 가을이 성큼성큼 걸어 나온다.

태풍이 쓸고 간 길가엔
온통 벌거벗은 흙들이 쌓이고
공원에 있던 운동기구들이 놀라서
집을 나와 길가에
머드 팩을 바른 채 낮잠을 늘어지게 자고 있다.

쓰라린 상처를 덮어주는
숲에서 나온 푸르고 싱싱한 밴드가
새콤달콤한 아침

어느새 긴소매자락 손끝에서
가을이 춤을 추고 있다.

장산자락

푸른 하늘에 아침 햇살은
풀잎에 맺힌 새벽이슬을 깨우고
봄이 익어가는 숲속에는
청명한 새소리 귀전에 돌다

'엇' 발짝 인기척에 놀란
숲속의 왕자는 긴장을 한다.
청설모 한 마리, 너였구나.

장산 계곡에는 푸르른
삶 들이 숨 쉬며 쉬어가는 곳
봄의 향기 출렁이는
처녀 가슴에는 사랑의 꽃 이피고

산들 산들 봄바람에
젊음이 요동치는 오월이라
강 건너 촌락에는 삶이 꿈틀거린다.

제2부

꿈꾸는 사월

공감共感

창밖의 뒷산 까치가
자꾸만 자꾸만 말을 걸어온다.
까 깍, 까 깍깍 까 깍깍
책상머리에 앉은 수험생에게
어쩌란 말인가
휴일아침에 친구들이 없어
심심한 게로구나
그게 아니라고 그 들고 나서는 산새소리
지지배배 지지 배배
모처럼 산 꿩 소리도 안부를 전해온다
그리운 임을 생각하는 나를 읽은 게로구나

억새풀

천성 산 억새풀 고고함 뽐내고
푸른 가을하늘 뭉게구름
빙긋이 추파를 던지는 산자락

어느새 억새의 유혹에
가을바람 춤추며 휘달리는 산등성이
바람에 실린 꽃잎들은 사랑을 찾아
하늘로 날아오르고

천성 산 홀로 남은 외로움일랑
억새풀에 묻어 두고
가을바람에 띄워 보낸 그리운 임이여

퇴근길

가을을 재촉하는
새벽비가 촉촉하게 흘러내린다.
오늘따라 차를 가져오지 않아
새벽잠이 들깬 언덕바지고갯길
횡단보도 신호등마저 불을 끄고 자고 있다.

행여나 발자국소리에 깰세라
뒤꿈치를 들고 살금살금 숨죽여 길을 건넌다.
비탈진 고개 너머
일정한 간격으로 주름진 물줄기 예쁘게
가슴속으로 고이어 든다.

이제 서야 기지개를 켜며
갈매기와 인사를 나누는 지하철역
연인 같은 하루와 팔짱을 끼고 열차를 탄다.

어느 봄날

영상5도 싸늘한 미완성의 봄날
새싹이 돋고 메마른 나뭇가지에 움이 튼다.
봄꽃은 기다리지 못해
꽃 봉우리를 터뜨리는 길가에

산책하는 노인네들 다섯 분
푹 눌러쓴 모자와 마스크 두툼한 점퍼
아직은 외출한 봄날이 돌아오지 안 왔나보다
하늘도 회색구름 덮어쓰고
쪽빛 바다 떠있는 하얀 대학실습선 오들오들 떨고
앞서가는 꽃잎 따라 뒤 쫓아가는 사람들

저만치서 봄바람이 손짓하며 나를 부른다.

꿈꾸는 사월

꽃눈이 내리고 난 사월의 길목엔
초록으로 갈아입은 벚나무들

우람한 청솔가지 팔짱을 끼고
사랑을 속삭인다.

바닷가 노을빛 창가엔
라일락향기 자옥한데

저녁바다 잔잔한 물결위에
노년의 꿈이 출렁이는 세레나데

파도

뒤창문밖 숲속에 녹색파도가 일렁인다.

봄바람이 짙은 잎 새 사이로 파도타기를 하고
출렁이는 대나무들 휘파람 소리
칙 넝쿨을 타고 창문을 덮쳐온다.

어느새 잠잠한 물결 뒤로 산 꿩 소리
밀려왔다 밀려가고
이름 모를 새들이 조잘조잘 수다를 뜬다.

뉘엿뉘엿 햇살은 창가에 멀어져 가고
봄바람은 노란 비파열매에
넋을 잃고 구애(求愛)를 한다.

단풍

봄바람에 꽃잎들은 노랑나비
날개아래 깊은 사랑을 나누고

뜨거운 태양의 속살이 빚어낸
초록의 떡잎은 새잎을 잉태한다.

엽록소 태우는 가을이 물들어 가면
이별의 고운편지 한 장 남기고
돌아서는 야속한 노을 진 들녘

그리움에 몸부림치는 기다림이
동면의 꿈을 꾼다.

미나리하우스

물안개 자옥한 하우스 건너 버들강아지
냇가에 봄나들이 즐기고
멀어져 가는 옛 추억 강둑에 올라서서 보니

풋풋한 미나리 향기 여인의 앞치마에 젖어
질벅한 장화 속에 빠져드는
농부의 땀에 젖은 막걸리잔

길게 뿜어내는 담배연기 속에 아롱거리는
그리운 옛사랑의 그림자
풋풋한 미나리 사나이 가슴에 봄꽃이 핀다.

천사와 25시

세상 가장 깊고 차가운 밤
천사가 가져다준 군고구마와 오렌지
허기진 밤이 배를 채운다.

살얼음판에 뒹군 어둠이 뜨겁게 달구어
까맣게 탄 노란 오렌지 향에
물들어 가는 밤이 곱기만 하다

창밖엔 하현달이 부러움에
수줍은 얼굴로 들여다보고

굽은 스탠드등불은 쪽 눈으로
노란속살의 군고구마와 오렌지를
훔쳐보며 코를 벌렁거리고
구수한, 오렌지향이 짙어가는 밤.

봄볕

싱싱한 젊음은 어디론가 사라지고
봄볕에 타는 심경心境을
간들간들 부는 바람이 시비를 걸어오는
종합병원 하늘공원

엄마가 불지펴놓은 아랫목 같은
목판 패널의자는 햇볕에 익어
따끈따끈 서러운 웅덩이를 달랜다.

구석진 벤치에는 불지펴놓고
누군가를 기다리는 고독이 깔려있다

파하란 거울 같은 하늘에
내 얼굴을 들여다보니
뻥 뚫린 바람을 타고 건너오는
담배연기, 봄볕도 자리를 뜬다.

와글와글

서산에 올라선 해의 그림자
뉘엿뉘엿 내려앉은 대밭에
와글와글 끓는 소리 신기하기만 하다.

이웃집 밥솥 소리인가?
이리 갸우뚱 저리 갸우뚱,
귀동냥으로 마을을 돌아봐도

대밭에 와글와글 끓는 소리,,,

뉘엿뉘엿 내려앉은 그늘 속에
참새들이, 이 동네 저 동네 다모여
반상회를 하고 있었다.

은근슬쩍 몰래 들여다보니
올가을 추곡수매 전략을 짜고 있네.

운몽雲夢

광안리 바닷가
파란 치맛자락 살랑살랑 흔들며
빨간 쪽 눈으로 윙크를 하는 여인
첫사랑 같은 설렘에 두근거리는
가슴으로 뒤돌아보니 수줍은 듯
하얀 구름사이로 숨어버린
어여쁜 저 여인
아직도 새벽바람에 출렁이는 가슴

붙잡지 못해 놓쳐버린
첫사랑의 아쉬움에
발 아간 쪽 눈으로 나를 훔쳐버린
그 여인을 찾아
파란 치맛자락 속 하늘로 뛰어 들어간다.

제3부

시인의 시각

뜻밖의 만남

퇴근길, 아침에 차문을 열자
싱싱한 해초 냄새가
밤새도록 찌들 린 심신心神의 뚜껑을 딴다.
전날 바다에서 따왔다고 지인께서
주고가신 해초류를 차에 실어두었더니
뜻밖의 상쾌함이 아침하늘에 별이 뜬다.

그렇게도 거친 파도와 겨루며
살아가려면 그 정도 강인함이 있어야겠지?
연약한 해초를 보며 깨달음을 얻는다.
온갖 조력助力을 받으며 살아가는 인간들은
조그만 어려움도 이겨내지 못해 생生을
포기하는 연약한 삶의 줄기들,,,

상쾌한 머리뚜껑을 열어 재끼는 아침
후각이 퇴색한 코를 벌떡 일으켜 세우는
고마운 냄새 어쩐지 기분 좋은
바다의 자녀들을 만나 즐거운 포옹을 한다.

화요일의 꿈

자전거를 타고 퇴근하는 길
광안리 바닷가

수없이 뛰어오르는 바다냄새
자전거 바퀴를 휘감고 돌아간다.

나의 많은 시간표 속에
수많은 이야기들이 줄을 서서 기다리고

예약되지 않은 미래의 꿈들이
설거지 하는 나에게 말을 걸어온다.

가을 독백

태풍 따라 길 떠난 담벼락은
추석에도 돌아오지 않고

외로운 달빛 아래 걷는 별들은
나뭇가지에 걸려

어두운 가로등 졸지마라 타이르며
허적한 밤바람은 어깨동무 하자하네.

광안리 바닷가 2

장산은 하얀 스카프 두르고
시커먼 먹구름이 광안리에 몰려든다.
무척이나 더웠나 보다

아침에도 난데없이 소나기
쏟아내고 햇빛 속으로 숨어버리더니
물놀이에 정신이 없는 바캉스 족들과
물장난 치려나보다

희멀건 건물들은 저마다
체크무늬셔츠 멋을 내고 여기저기서
바캉스 족들 유혹한다.

달빛그림자도 쉬어가는 광안대교
쉼 없이 사장교를 건너는
자동차들의 발자국소리 따그닥따그닥
고독한 가슴을 두드린다.

말발굽소리를 어찌나 닮았는지.......

가을바람

1. 새벽바람 반팔 소매를 걷어치우고
   어느새 주인 노릇하는 구월초하루

   지난 장마 때 못다 이룬
   사랑의 아쉬움인가
   그렇게 쏟아내던 빗줄기들
   팔월의 치마폭에 쌓여 떠나가고

   파하란 얼굴로 내려다보는
   얄미운 하늘이 가슴을 풀어헤친다.

2. 창밖엔, 바람결에 춤추며
   자태를 뽐내는 침엽수
   밤새 울어대던 귀뚜라미 잠들고

   저만치 경쾌한 새소리 창문을 넘어
   고요한 아침 시상위에 뛴다.

쏘가리와 전쟁

아지랑이 아롱거리는 논길을 따라
걷노라니 여름의 무더운 열기로
땀에 흠뻑 젖는다.
매캐한 농약냄새가 미각을 자극하는
시골의 향기

경호강 상류 얕은 물에 발을 담그자
실잠자리 한 마리가
커다란 바위에 앉으며 낯선이를 경계 한다.
투명한 강 물속은 스카이워크를
연상 게 하는 맑은 물속 바위에는
새까맣게 붙어 유동遊動을 하는
다슬기 사이로 낯선 이방인을 감시 하려는 듯
천연 일급수에만 사는 쏘가리들이
다슬기를 잡는 촌 노의 주변을 맴돌며 정찰을 한다.
아뿔싸.
다슬기 잡는데 정신을 놓고 있는 사이
엄청나게 빠른 쏘가리가 공격을 해왔다.
발뒤꿈치를 날카로운 이빨로 물고
잽싸게 달아나는 순간 놀라서
발을 헛디디어, 슬리퍼가 벗어지고

쇠붙이 같은걸 밟은 후 심한 통증으로 발을 보니
낚시 바늘이 발바닥에 깊이 박혀있었다.
낚시꾼들이 버린 짧은 낚시 바늘을 밟았던 것이다.
이 모습을 본 쏘가리들은
자기들 끼리 "아자자자" 소리를 지른다.
선전 포고를 한 것일까?

낚시를 하고 있던 일행의 도움으로
승용차로 돌아와 발에 박힌 바늘은 빼보려고
하면 더 깊이 들어가는 반동으로
승용차로 함양읍내 병원을 찾았다.
너무나 젊은 의사선생님을 보자 걱정 반
우려 반 긴장 속에 진료를 받는데
의사나 간호사까지 박장대소를 한다. 의외반응에
왜 그러냐고 물었더니,
꼭 같이 발바닥에 낚시 바늘 박혀서
다녀간 환자가 3번째란다.
우려 했던 것과 다르게 국소마취 후 간단히 빼주었다.

천연기념물 쏘가리에 일격을 당하고 전력을
가다듬기 위해 휴전을 하고
다슬기와 동맹을 맺었다. 일전을 불사르기 위해

대빗자루

싸 아악 싸 아악
울퉁불퉁 인도블록을 부딪치며
내 지르는 빗자루의
간헐적인 비명소리 만큼이나
땀에 젖은 티셔츠의 그 남자

짤막해진 빗자루로
공원길을 쓸고 있는 환경미화원
자신을 닮아가는 몽당 빗자루 세워놓고

뒤돌아서서 씨익 땀을 닦으며
환하게 웃고 있는 길목을 뒤로하고

다음 장소로 이동하는 자전거 뒷바퀴에
땀에 젖은 인생을 휘감고 달린다.
가로수 매미소리 바람을 등에 지고

마당쇠

영하의 한파가 주름을 잡고서있는
구석진 이면도로 낙엽들 사이
율곡 이이선생님이 주무시고 계셨다
간밤에 약주가 과하셨는지

도로를 쓸고 있던 머슴의
바늘구멍 같은 눈이
막걸리 사발만큼 번쩍 뜨인다.

율곡 선생님을 집에 모시고가면
어머니께서 막걸리두병은 틀림없이
주실 거구 먼 암 그렇지

새콤한 막걸리 생각에 고인 침이
목구멍 속으로 흘러넘친다.
허리쯤을 파고드는 추위도 잊은 채

조경사

새벽 찬이슬에
바르르 떠는 향나무 잎 새들

쉴 곳을 잃은 새벽바람이
짧은 나무 가지에 턱걸이를 한다.

하얀 목련이 우아한
자태를 뽐내던 그 자리엔

뭉텅 잘려나간 몽당연필 한 자루
목련이 필 삼월을 지우고 서있다.

노랗게 잠들었던 은행들은
온데간데없고 썰렁한 조경사 톱날만
유난을 떨고 윙윙거린다.

우주의 능력자

봄 길에 낙엽들이 많은 시사점을 던져준다.
엽록소의 생화학적 반응이 인간 뇌의 염색체
유사성 탓일까?
연초록에 에메랄드 광채로 반짝이는 유월
가을도 잊었는지 벌써 붉게 물들인 입술로 유혹하고
요양병원을 탈출했는지 메말라 퇴색해버린,
잎 새들
자연도 인간의 삶의 모습을 흉내 내는 걸까?
아침이면 사계절을 한꺼번에 쓸어 담는 낙엽들
우주의 능력자로 환상에 빠진다.

붉은 꽃잎 같은 아기들과,
절정에 오른 싱그러움
완숙한 숙녀의 엄전함, 긴 치마들
어쩌면 아침부터 이상야릇한 감정을
들킬까봐 빗자루의 감정을 감춘 채
우주의 능력자
태연한 진땀으로 6월의 아침 햇살이 젖는다.

zest

어둠속에서 다가서는 추억의 메아리

망개떡 찹쌀떡 구성진 목소리가
심야의 어둠을 멈춰 세운다.

나는 궁금했다. 그의 열정이

많이 나온 배를 내밀며 청년은
하루 여 나무 개, 재수 좋은날은 다 팔기도 한다고
자신의 미래를 팔듯 멋 적게 웃는다.

단돈 만원으로
젊은이의 열정과 아릿한 추억을 맞바꾸었다

미완성

겨울을 떠나보내는 우산 속에
봄의 향기 묻어들고
희미한 가로등아래 그리운 사랑이 흐른다.

어둠이 짙게 내려앉은
저 바다건너 영도領導의 작은 불빛들
고달픈 하루가 다리를 건넌다.

세상은 잠들어도 지워지지 않는
밤비 내리는 고갯길 불빛을 찾아
미완성의 발걸음이 모여든다.

秋夢

열대의 늪을 지나 꿈을 꾸는 밤

들국화 향기 가득한 들녘
요란한 매미소리에
뒤 돌아보니 느티나무 아래

웬 남자를 도마 위에 올려놓고
포식 하고 있는 모기들
깜짝 놀라 깨워보니
도마에서 자고 있던 나를 보았다.

팔월의 어느 날 밤,
선풍기 바람결 따라 돌고 돌아
꿈길을 걸었나 보다.

게릴라 장마

흔들리는 여인의 마음처럼 왔다 갔다
쏟아지는 빗속 언덕바지를 타고 넘을 때
흠뻑 젖은 가슴에 빗방울이 헤엄을 친다.

간밤에 비가 멈춰 산뜻하게 나선 퇴근길
언덕바지 고개를 넘을 때 갑자기 쏟아지는
비에 흠뻑 젖은 땀방울이 뒤돌아서서
지하철 환승을 한다. 스태그플레이션 시대

마른장마라 고개를 갸우뚱 하는 소나기가
천하박색 여인을 만나 우아하고 아름답다하였다
비록 거짓일지라도 사회규범에 어긋남은 없다

천하의 박색이라 하였다면 귀사배기 하나로
끝나지 않고 크나큰 상처에 빠져들지 않겠나!
공자의 깊은 뜻을 헤아리지 못한 날씨라도
기상의 바둑판에 불계승을 거둔다.

갯벌에서 꿈을 캐는 어부

너무나 조용한 밤늦은 시간
나의일상은 마감시간
왁스의 엄마의 일기란 노래가 잔잔하게
텅 빈 매장을 가득 채운다.

처음 듣는 이 노래가
왜 이렇게 가슴을 울리는지
세상의 어머니란
모든 가능성을 열어 주시는 분이기에

썰물처럼 빠진 텅 빈 매장 밖을 바라보며
밑 물이 들 때를 간절히 기다리며

소라도 백합 전복도 없는 갯벌에
깊이 빠져 흙투성인 마음만 추슬러

갯벌을 걸어 나올 때
그렇게 기다리던 밀물이 쏟아져 들어오고 있었다.

막 도착한 열차에서 내린 승객들이 쏟아져
들어오는 시간 나도 모르게
밀물의 거대한 파도에 내 몸을 던진다.

새벽 5시, 갯벌 속에 빠진 나를 지우고
또다시 생업의 바다로 노를 젓는다.

거미집에 숨어들어간 나방

들길에 핀 들국화는 수많은 풍파를
헤치고 날아든 호랑나비의 선택을 받아
때늦은 꽃 봉우리를 터트린다.

정수는 거래처의 스카우트 제의에
이틀간의 고민을 집어 던지고 회사에 사표를 내자
성실한 부하를 아끼는 직장 간부의 휴직으로 해두고
생각할 여유를 가져보자는 권유도 뿌리치고 뛰쳐나온
달콤한 시간은 그렇게 길지 않았다.

전후가 달라진 세상에 허둥대다
살아남기 위해 뒤엉킨 실타래 속을 헤매다
작은바늘 구멍 속으로 빠져 들어
팬데믹에 잠들어 있는 세상을 흔들어 깨우려 하자
도깨비에 홀린 듯 온몸을 휘감고 도는 알 수 없는 물체에
발버둥 치다 정신을 차려보니,

만찬 준비를 끝낸 거미가 입을 떡 벌리고 다가서자
비명 소리에 놀란 거미줄이 끊기고
땅바닥에 내 동당이 처진 순간 꿈에서 깨어났다.

"배정수씨 축하합니다. 당신이 추진한 프로젝트 대박입니다
전국적으로 난리가 났는데 어떻게 할 거야?
당신이 직접 팀장을 맡아서 해결해봐."
상무님이 뜻밖에도,
등 뒤에서 다독거리며 만면의 미소를 띤다.

뒷날 아침 출근하자 무섭게 정수를 잡아먹으려던
팀장은 대기발령이 나고
"팀장님 축하드립니다."
동료들의 기립박수를 받으며 새로운 나방으로 태어났다.

고드름

거센 바람도 무엇을 아나보다
성질난 주정꾼처럼 잡히는 대로 집어던지다
곱고 이쁜 여인 앞에선
슬며시 눈을 내리깔고 고개를 돌린다.
아찔한 치마폭을 보았을까

정월달 거친 심술이
자작나무가지에 올라서서 휘바람을 불면
우거진 소나무는 장단에 맞춰 춤을 춘다.

마당가 짧은 담뱃대를 물고선
수도꼭지는 꽁꽁 얼은 턱수염을 쓰다듬으며
누군가를 기다리고 서있다

똑똑 떨어지는 가슴속 물방울이
갈 길을 잃었나 보다.

스태그플레이션

오감에 젖어드는 6월....
푸르름이 노란담벼락을 타고 넘는다.
주저앉은 펜데믹의 사슬마저도
염치없는 전쟁의 포화에 질식하는
빵과 기름들이 앉을 곳을 찾지 못해
튀어 오른 반등의 법칙도 무너트린
비명소리에 놀란 눈동자 만들만이
들락거리는 6월의 철없는 눈썹이 치켜뜬다.
펭귄 족들의 자판기 속에서
쌀과 생수가 튀어 나오고
야채와 잡화들은 새벽잠도 설친 채
현관 앞에서 졸고 앉아있다
누군가의 횡포와 방심이
한없이 비좁은 세상의 바둑판에
불계승을 거둔다.

낙타

1. 위태롭게 오르는 절벽 위 셰르파와
낙타 등에 세상에 가장 중요한 무게
소금과 식량이 실려 있다.

천리 낭떠러지 아래 금 수저들은
빛 좋은 공원, 굽은 등에 관객 태우고
앤드루 잭슨을 거머쥐며 미소 짓는다

2. 저만치 굽은 허리에 리어카를 끌며
사차선대로를 가로지르는 할머니 등에는
세상의 가장 낮은 삶의 무게 종이박스와
헌책들이 실려 있다.

활처럼 굽은 스포츠카 무섭게 새벽길 날고
화살처럼 튀어 나온 담배꽁초 곡선을 그리며
날아서 세상 가장 낮은 삶 위에 떨어진다.

날수 없는 날개

오월의 푸른 하늘만큼이나
구름 한 점 없는 아침
미련의 끈을 놓지 못한 거울에 비친 일상들

그 언젠가 정신없이 바쁜 틈 사이
머리끈을 슬쩍 주머니에 넣던 여학생
모른 척 눈감아 줄때 빨개진 그 얼굴

여행용 캐리어에 캔 음료와 빵을 슬쩍 담아
나가다, 뒤따라간 나에게 되돌려주며
난처한 표정을 짓던 바바리코트 아저씨

쏟아지는 비를 피해 우산 매대 앞에
줄을 길게 늘어서다 하나 슬쩍 쓰고 나가도
잡지 못하고 보냈던 얄개들

추락하는 날개는 편의점
텅 빈 매장의 냉장고 팬 소리 벗을 삼아
자판기를 두드린다.

두 얼굴

밤새도록 휘몰아치던 돌풍에 맞서
처절한 몸부림과 어이없이 무너져 내린
흔적이 집 앞에 차곡차곡 쌓여있었다.

갈기갈기 찌긴 잎 새들의
죽음 앞에 시인의 통곡하는 가슴이
가을의 두 얼굴을 본다.

언제 그랬느냐는 듯
살며시 얼굴을 내밀고 파랗게 미소 짓는
하늘이 야속해
자식을 잃은 나무들은 슬픔에 일렁이는
바람결로 창가를 후려친다.

처절한 그림자만 남기고
야반도주한 태풍"난마 돌"을
국제인터폴에 수배를 내린다.

마법 같은 하루

지하철역을 지날 때 마다 열차는
내리는 사람도 없는 문을 일상적인
습관처럼 열었다 닫는다.
갈매기가 울어대는 광안리를 지나는
마법에 걸린 하루는 빈자리
한구석을 차지하고 있다.

인터넷강의에 귀를 쫑긋쫑긋 하던 하루는
전화 한통에 홀린 듯 자리를 박차고 일어나
머리를 감고 외출을 서두른다.
서면에서 저녁같이 먹자는 선배의 전화에
한번쯤 밥 한번 같이 먹어야겠다는 생각에
주저 없이 약속을 하고나선 하루는

서면에서 제일 크다는 서점에서 이른 시간을
붙잡느라 유명시인 시집을 고르고
무거운 두께만큼이나 비싼 값에
슬그머니 내려놓고 가벼운 `좋은 생각`
한권으로 시간을 때우고
한우와 저녁 밥값을, 기상천외한 how much
카파이치체이 결재한 선배와 하루가 발길을 돌린다.

만상萬祥

세상은 잠들어도
잠을 이루지 못하는 세상의 아픔들

몸은 집안에 있어도
혼은, 차속에서 밤을 지새운 삶이
승용차 트렁크 속에서 구부러진
허리를 일으켜 세우는 새벽

바라보는 세상의 눈빛이 이슬에 젖는다.

어찌 이렇게도 두 동강난
세상을 건너뛰는 삶도
그늘진 가슴속에 감추고 그래도,
밝게 웃어 보이는 미소가
예쁘고 안쓰럽기 만 한 것을

아침이슬에 젖은 세상의 아픔을
어루만져 본다.

목단 꽃

오랜 세월 잊고 있던 목단 꽃을
지인께서 카 톡으로 보내주셨다.

오늘따라 생활 속으로 묻어 들어가
옛 어른들의 화투장 속에서
붉게 피어오르든 목단이 손안에 활짝 핀다.

골목시장 약국, 목봉으로 탁탁 때려
날카로운 드링크상자 귀퉁이 각을 죽여
비닐봉지에 넣으려는 약사에게
"때리지 마라 아프다"

연세 완만하신 어르신 감각적인 유머에
붉은 입술의 활짝 핀 목단이 윙크를 한다.

몽골 맘

세상만사 뒤엉킨 골목길 노점상
몽골 맘 할머니
뒤엉킨 실타래만큼이나 산만한
잡화를 깔고 앉아
오늘도 애처로운 눈빛
지나가는 행인을 따라 왔다갔다
들고 앉은 점심 밥상이
싸늘한 숟가락을 올려다본다.

깊이 패인 주름사이로 그녀의
콧물인지 눈물인지
고달픈 물줄기를 훔쳐 올린다.
칭기즈칸의 후예란 것도 잊은 채

미꾸라지

광란의 잔치 상의 쟁반들은
산등성이에 늘려있고
쑥대머리 쳐 박은 흔적은 그대로인데

미꾸라지 한 마리는
세상을 탐욕의 눈을 부릅뜨고
코로나 물결위로 세상을 조롱하고 있다

마지막 숨통을 조여드는 코로나물결 파고 속에
호사스런 미꾸라지들 유유히 헤엄치며
방명록에 "미안하다 고맙다"적고 있다.

봄바람

매화꽃 봉긋한 봄날
암울한 오년을 날려 보내는
봄바람이 너무나 시원하다.

깊은 계곡 잔설은 그대로지만
한껏 차례 입은 봄 냄새가
치맛자락을 뒤 흔들며
코끝을 끌어당긴다.

아, 오늘은
꽁꽁 얼은 옹달샘도 기지개를 켜며
맑은 샘물에 웃는 자기모습을
들여다본다.

블랙스테이크

야밤에 허술한 담을 넘어온
건빵이 추억을 껴안고 달지도 쓰지도
않는 55년 전의 희미한 기억을 바싹바싹
깨물어 허기진 추억을 배불리고
창밖의 어두운 물시계는 소리도 없이 흘러
반항하지 않고 떠밀려간다

입안에 가득고인 고독을 깨물다 보니
그 옛날 구수하고 달큼한 맛은
빛바랜 채 누런 밀가루만 떠밀려
아우성이 터져 나온다

아니다, 야식한 끼 대신한 공로로
곱게 접어둔 추억을 무지갯빛 포장지에
올려놓고 깊어가는 허기진 밤을
이리 접고 저리 곱게 접어
이쁜 상상의 접시에 올렸더니
새까만 시간에 떠밀려 내려간
건빵이 더벅더벅 걸어서 올라온다.

빛과 그림자

깊은 겨울 속으로 빠져드는
노년의 그림자들
끝이 보이지 않는 터널 저쪽
청춘의 빛을 더듬고 있다

오늘도 새벽녘
겨울바람에 떠밀리는 빛의 그림자들
가슴 저쪽 희미하게 떠오르는
청춘의 빛을 바라보며
어두운 터널을 달리고 있다.

언젠가 봄 햇살에
청춘의 빛으로
반짝반짝 빛나기 위하여.....

빵

김이 모락모락 올라오는 찜통에서
하얀 얼굴을 내밀며
검붉은 속살로 입맛을 유혹하는 찐빵
아직도 먹 거리의 큰 자리에 앉아

기장 어느 집에선 줄을 서서 기다리고
범 일동 어느 집, 왕 찐빵은
뚝 자르면 쏟아지는 뜨거운 단팥 속으로
추운겨울이 풍덩 빠져든다.

그 옛날, 채반위에 호박잎 깔고
밥솥으로 쪄 주시든 어머니
호호 불며 한 입,두 입 떼 넣어주시던
따스했던 어머니 손길이 그리워진다.

화요일의 천사

왁자지껄 승용차 2대로 들이닥친 여섯 분
네 분의 여성과, 청년과 중년 남자
너무나 낯 설은 그들은 요양병원 병상의
헤어커트 봉사하러 온 하늘이 보낸 천사들

하늘공원에 예쁘게 미소 짓는 장미꽃
천사들의 손길에 병상에 환하게 피어난다.

코로나로 잠든 세상의 어느 한 모퉁이
산머리로부터 고운단풍을 이고 온 가을자락,
천사와 나무꾼의 손길에
잠든 세상이 기지개를 켠다.

핸드백

노인대학의 할머니께서
아들이 생일선물로 준 유명브랜드
핸드백을 걸치고 의기양양 동창모임에 갔다.

껄끄러운 동창친구가 똑 같은 핸드백을
걸치고 색상마저 똑같아 자존심 상했는데
그마져 아들이 사주었다고 자랑하는 바람에
한껏 자랑 하려고 벼르고 가셨던 할머니는
뭉개져버린 자존심에 며칠을 자리에 눕자
여성들의 오묘한 감정을 사로잡는 영감님께서

뒷날 백화점을 직접 방문 최 신상품으로
거금을 투자하여 자존심을 치료해주었는데
할머니 두 분 꼭 같은 그 가방은 그 뒤엔
어디서도 볼 수가 없었다.

한 톨을 아끼고 자식을 위해 자신을 던지는
강한 어머니 이지만
여성의 가냘픈 자존심이, 엄청난 투자를 한
양가 아들을, 작은 가방 속에 가두어 버렸다.

해초亥初

해초亥初의 달은 밝기도 어두운 밤
소쩍새 구슬프게 우는 산기슭
이슬 머금은 풀잎은 발길을 적시고
굽이굽이 길모퉁이 뒤돌아선 길

산사의 처마 끝
종 빛 소리 맴돌고
바람 따라 움직이는 목탁소리 파도를 친다.
아련한 이생異生은 전두골 너머에 서서
오도 가도 못한 이일을 어찌 하리

속세에 파도치는 허설이랑 가슴에 묻고
중생의길 부처님 자비의 손 잡아두고
종 빛 소리 찬란한 불가의 길을 걷는다.

편견의 저울

이년만의 복직이란 설렘을 가져다준
전화 한통에 이틀간의 고민을 접고
일하던 직장에 사표를 내자 사직보다는
휴직으로 해두자는 상사의 권유를 뿌리친
경솔함이 편견의 저울위에 올라앉았다

흰 와이셔츠에 넥타이를 매고
첫 출근하던 날 사표 내는 걸 만류하던
아내까지도 축하 해주었는데 못 다한
아쉬움이 예견된 우려 속으로 빠져들었다

온갖 편법과 반칙의 저울이
아랫사람들을 올려놓고
자기만의 눈금으로 무게를 잘라낼 때
힘없는 약자는 항변한번 못하고
약자의 삶은 지워져가야 하나?

가진 자의 아집과 거만함을 약자와
우리사회는 용서하며 편익을 취한다.
열흘간의 설렘이 편견의 저울에서 내려오는
순간 이렇게도 편안하고 홀가분한 것을
뜻밖에도 행복한 실업자가 여기에 있었다.

폭우가 쏟아지던 날

오후부터 내리던 비는 그칠 줄 모르고
저녁회식을 끝내고 나서는 순간
퍼 붙는 비를 피해 간신이 버스를 탔는데 이미
배수가 되지 않아 도로는 작은 강줄기가 되어있었다
승용차들은 물에 잠겨 움직이지 못해 떠밀리고
간신이 움직이는 버스만이 엉금엉금 기어서 갔다
지하철 출구는 침수로 폐쇄되고 도시는 대혼란에 빠진
그 시간 요양병원에는 직원비상 동원령이 떨어졌다
SUV 차로 간신히 복귀해 긴급인명구조상항에 대처하여
모래주머니를 쌓아 지하주차장에 쏟아져 들어오는
빗물을 막고 기계식주차기문을 열어 이미 허벅지까지
차있는 물의 배수로를 확보하고 탈의실에 갇혀있던
간호사를 구출하기 위해 유리창을 깨고 로프 줄로 묶어
간신히 구출하는 순간,
차도에 깍 찬물줄기가 지나가는 버스에 떠밀려
모래주머니를 쌓아 물막이를 하던 선배를
성난 파도가 되어 덮쳐왔다.
“아, 선배님” 비명을 지르는 순간
“로프를 내게로 던져, 빨리”
기계식주차기 속으로 떠밀려 들어가는
그를 구출하기위해 필사의 혼을 던졌다.

절대 절명의 순간 외항선 선장출신다운 선배는
기적같이 간호사와 자신의 구출작업마저 진두지휘하였다.
탈의실에 갇혀 있다 구출된 간호사도
생사의 갈림길을 헤치나온 긴박하였던 짧은 순간
무사함에 서로가 서로를 끓어 앉고 울음을 터트렸다.
폭우로 도시교통이 마비가 된 새벽,
초량동 지하차도에서 세 사람이 희생된 뉴스를 전하며
해맑은 아침은 능청스럽게 기지개를 켠다.

킥 배달

희미한 달빛을 더듬는 삶의 모습들
오늘도 검은빛 헬멧에 잿빛 썬 그라스
칠월의 뜨거운 태양 속으로 달려 들어간다.

보는 이는 안쓰럽고 애달파도
여유만만하게 달려가는 오토바이
길지 않는 새벽을 건너서 09시

또다시 누군가를 위해 달려 나가는
하루를 건너뛰는 저 삶의 어깨는
그래도 펜데믹 덕분에 날개를 편다.

그 때 그 시절 누군가가 "이대로"
이대로가 좋다고 외쳤던, 부메랑처럼
부자들과, 킥 배달원 앞에 자리 잡는다.

장마 2

돌담길에 외롭게 타고 오른 나팔꽃
목마름에 고개를 떨 구든 유월의 아침
기다리든 빗방울은 돌담 위를 건너뛴다.

쏟아지는 비는 우산 속에 그리움 숨겨두고
거 치른 바람결은
여인을 훔쳐보며 시새움 하는 골목길

비구름 장산중턱에 걸터앉아
오륙도 신선대 술래잡기 하며
예쁘게 산수화 그리고 있다

추억의 담을 헐어버린 장마는
고향의 시골길을 지우고 전신주와
윗동네 친구네 길 잃은 돼지가
냇가에 떠내려 온 풍경을 그리시는
하느님은 훌륭한 화백이다.

창 밖에

너무나 맑고 푸른 하늘은
창문 사이로 나의
일상을 들여다보고 있다

아름다운 하늘을 마주보고 앉아
커피 한잔을 들고
맑고 신선한
창밖의 아침 햇살과
대화를 나누며
엉클어진 세상을 지우개로 지운다.

싱그러운 풀잎에 맺힌
아침 이슬처럼
아름다운 아침햇살은
창문 너머로
아쉬운 그림자만 남기고 떠나간다.

장마

1. 밤새도록 싸우던
   장 씨아주마와 마씨 남편
   우르릉 쾅쾅 창문이 깨어지고
   접시를 집어던지며 싸움은
   새벽이 되어서야 잠잠 하더니
   아침부터 홧김에
   퍼붓는 장 씨아주마 물바가지
   마씨 아저씨 소주병 나팔 불며
   어디론가 가고 없다.

2. 어찌 야속한비는 이렇게도 쏟아지는지
   비바람에 스치는 눈물이 가슴에 흐르고
   눈빛에 서린 부모님이 마냥
   가슴을 뭉개고 들어온다.
   기도하는 마음으로 핸들을 잡을 땐
   이미 젖어버린 수건이 달래고
   쏟아지는 빗속에 묵묵히 서있던
   정원수가 애처롭게 바라본다.

잔영殘影

낡아빠진 그물망을 앞에 두고
터진 옆구리를 얽어맨다.

갑자기 눈물이 핑 돌아서서
낡은 그물망으로 숨는다.

만감이 교차하는 심야시간
어쩌다 나의 세상은

비좁고 낡은 플라스틱
그물망 속으로 빠져들었는지

그나마 터져버린 옆구리로
눈물에 젖은 세상이 흘러나온다.

비닐 끈으로 터진 곳을 묶어 묶어주어도,,,

인생사계절

딩동. 딩동
아침 일찍부터 요란한 초인종 소리에
현관문을 열었더니
차가운 봉투 속에 겨울이 들어있었다.
지난해 그렇게도 힘들게 하고
온다간다 말도 없이 떠나가더니
불쑥 찾아온 겨울이 싫어 속상한 마음에
답답한 창문을 열었더니
아름 들이 가을단풍이 손을 흔들며
작별 인사를 한다.

지난해 가을에도 아쉬움만 주고 간
고운단풍잎들이 겨울을 배달 시켜놓고
바람을 따라 떠나간다.
자연은 아름다운 고통을 전해주며
선택을 바라본다.
인생 사계절이 있다면 부럽기만 한
자연에 물어본다.
인생도 되돌릴 수 있는지를 그렇다면
태양의 용광로 같은 여름이면
시베리아 같은 겨울이라도 고운 단풍잎
처럼 사랑할 수 있을 것을

실버카드

돌담장위에 잘 익은 홍시가
술 생각이 나 주막에 들렀더니
행색을 보고 낯 익은 주모는
모른 체 뉘신지요?

어 험, 윗마을 홍 진사 모르는 감.
세월아 막걸리 한상 내 오니라.
험상궂은 주모는
터진 홍시위에 막걸리를 들어붓는다.

서러움에 주막을 박차고 나와
돌담길 돌아서 두루마기 고쳐 매고
갓끈을 당겨 봐도 뒤따라 나오지 않는
세월이,
버선발로 뒤 쫓아와 울며불며 매달리든
달덩이 같은 세월이 어디가고
어느새 사랑방신세 서러워 골목길 나서 보지만

동네어귀 이르도록 말붙이는 이 없고
다 헤어진 가죽신은 갓끈을 붙잡고 훌쩍 훌쩍이고,
두루마기 자락 가을바람에 홀로 젖는다.

스토리 웨이(story way)

고달픈 삶을 짊어지고
저만큼 앞서가는 아낙네 등 뒤에
작은 가방

수많은 세상 속 행복과 아픔으로 채워진
삶이 눈썹 아래로 그려진다.

한쪽다리를 절며
깊게 패인주름살을 건너가는 저 모습
나의 그림자를 어찌도 닮았는지

힘겹게 뛰어 봐도 밀치고 뛰어 오른 자만
태워 가는 야속한 버스 뒤창을 바라보며
그늘지고 을씨년스런 버스정류장 나무의자에
털썩 주저앉아 세상의 온기를 느끼며

살 얼은 손을 허벅지 아래 집어넣을 땐
외진 정류장 나무의자의 전기패널이
야속한 삶을 녹여준다.

하얗게 메마르고 쩍 갈라진 입술엔
힘든 세상의 주소가 기록되어 있다.

제4부

하얀 추억

두부

이슬 머금은 콩잎들이 풀벌레들 노래에
기지개를 켜는 시골밭두렁 길
새벽을 허리에 동여맨 어머니치마자락
어둠을 오고간다.

불볕더위를 건너온 콩대들은
도리깨질 하나하나 알몸 드러내고
키에 담겨 푸른 하늘로 널뛰기 한다

촉촉한 눈시울 앞치마로 훔치시며
알알이 콩들을 맷돌로
가는 어머니손길 비장함이 묻어 흐른다,

땀과 눈물이 서린 간수와 합방을 하고
뽀얗고 반듯하게 태어난 속살
어머니는 잘 키워 시집보낸 딸처럼
바라보시는 눈빛에 애틋함이 서려있다.

말티고개

쭈룩쭈룩 비가내리는 화요일아침
겨드랑이엔 신문을 잔뜩 껴안고
자기보다 신문이 젖을까봐 소년은 감싸진
신문을 한 번 더 끌어당긴다.
부지런히 돌아야 점심 먹을 시간 있었기에
좁은 골목길을 빠른 걸음으로 “신문이요”
문간에 밀어 넣고 뛰다시피 골목길을 돌아서는데
난데없이 개짖는 소리에 놀라 미끄러지며 겨드랑이에
껴안은 신문을 젖은 골목길에 쏟아버려 소년은 울면서
윗옷을 벗어 젖은 신문을 꾹꾹 눌러 닦아보려 하지만
떨어지는 눈물은 빗방울 수 보다 늘어만 갔다.
젖은 신문은 뒷날 새로 갖다드리기로 사정을 하자
“인마, 내일부터 신문 넣지 마.” 불호령이 떨어진다. 다짜고짜
“죄송합니다.” 울먹이며 “다음 집으로 가자”
“비 오는데 고생이 많구나.”
“젖은 신문은 내일 새로 갖다 드리겠습니다.”
“아니다, 말려서 보면 되지 기운 내려무나.”
독자님은 이십 원을 소년의주머니에 넣어 주시며
허름한 비옷까지 챙겨주자 울먹이던 소년은
인사를 하는 둥 마는 둥 골목길을 나와
빗물인지 눈물인지 앞이 보이질 않는다.

신문사에서 사주는 국수한 그릇으로 끼니를 때우고
석간신문을 받아 정신없이 돌리다 보니 어느 듯
뱃속에선 꼬르륵 소리가 발길을 붙잡는다.
말티고개 외진 언덕바지 마지막집에 언제나
사나운 개가 신문을 기다리고 있었다.
다행히도 비가 개여 오늘은 신문의 비행거리가
멀 것 같아 대문에 초인종을 누른 후 “신문이요” 외치고,
신문을 길게 접어 세손가락으로 힘껏 밀어마당 안으로
날려 보내자 미친 듯이 짖어대는 개 짖는 소리에
무서움과 배고픔으로 외진 말티고개를 미끄러지듯 꼬르륵
거리는 텅 빈 뱃속 내리막길을 냅다 뛰어 들어간다.

김장독

하얀 옥양목 반바지 초록색 멜빵
가뿐한 차림새 동절기 추위도 아랑곳없다

혹시나 얼지 않을까 깊은 구덩이
꾹꾹 눌러는 눈길만 바쁘다

소금물찜질방 밤을 샌 초록치마아씨들
축 늘어진 고무다라니에 다소곳이 졸고

출가할 꽃단장 한차례 분주한데
엄동설한 장독대 시샘으로 진땀만 흘린다.

옥양목 반바지 총각과 꽃단장 분주한
초록처녀와 합방을 하는 그날
장독대 곁눈질이 예사롭지 않다.

49제

하얀 목련꽃잎처럼 해맑은 미소
이 세상에 남겨두고

그 먼 길 홀로 떠나셨는지요?

애절한 임 그렇게 일찍 보내시고
하얀 목련꽃잎 발갛게 물든 세월
초록 같은 꽃잎들 지켜내신 당신

무심한 삶을
하얀 미소로 털어놓으시든
당신은 이 세상 어머니들의 고독한
자화상 이셨지요.

아직도 믿을 수 없는 꽃잎들은
하염없이 내리는 빗속에 흐느끼고

불경목탁소리 근엄한 산사의
소각로 굴뚝엔
마지막 떠나보내는 연기 모락모락
빗줄기 사이로 피어오르고

산사를 내려가는 비탈길엔
비안개 자옥이 자비를 품고 있다.

그린벨트

언덕위에 작은 초가집
싸리문을 지키고 서있는 굴밤나무 아래

예쁜 버섯아씨
하얀 모자에 가락지 끼고

싸리문밖 수줍게 기다리고 있을 땐
그림 같은 모습에 어린가슴이 두근두근

굴밤나무 위 말벌들이 윙윙 거리던
언덕바지 작은 초가집

언제나 어머니 기일이 다가오면
가시덤불속 아름다운 추억과
슬픔의 사이길

기일忌日

어머니 치마 자락 붙잡고
산을 오르듯 언제나 정겨운 산길

메마른 낙엽 밟는 소리에
겨울잠에 깨어난
싱그러운 풀잎들 기지개를 켜고

봄 처녀 매화꽃 봉긋이 미소 짓는다.

언덕 위 스쳐가는 바람결은
어머니 손길같이 어루만지고

그리운 부모님 상봉에
젖는 눈시울 어쩔 수 없고

높은 산자락 건너다보니
부모님 넓은 가슴 그리워진다.

묵묵히 지켜만 보시는
부모님이 야속해 눈물지으며
하직 인사를 올린다.

동심

모내기 하던 논두렁길 학교 가다 오다
때맞나 못밥 얻어먹던
아스라이 되살아나는 옛 추억
등하굣길 물 빠진 논바닥에 구멍이 뚫려 있을 땐
두 손가락 푹 집어넣으면
논 고동이 숨을 헐떡이며 나왔다
어린가슴의 그때 그 희열
아직도 생생한데 아련한 고향 뜨락
할미꽃 송송이 피어난다.

장맛비 부슬부슬 내리는 밤이면
냇가에 개구리 울음소리 어찌도 구슬픈지.

풀냄새 풋풋함 휘젓는 모깃불 연기사이로
바쁘게 오고가는 엄마부채바람
대청마루 엄마무릎 베고 밤하늘 덮고 누우면
그렇게도 따뜻하고 시원했던 밤

별들은 숨바꼭질 하느라 숨어버리고
개구리 울음소리 깊어가던 밤,,,,,,,

두레박줄

대밭 사이로 오솔길을 타고 돌면
앉은뱅이 우물가엔 아낙네들의 소드래
도란도란 잦아들고 바가지로 물을 퍼 닮는다.

바느질하는 엄마대신 물동이를 이고 갔던
그 아이는 울컥 치솟는 추억의 물동이를 채운다.

하굣길에 친구 집에 따라갔더니 난생 처음 보는
키다리우물 속에 방긋 웃는 햇살이 물놀이 하고 있었다.

너무나 신기해 긴 두레박줄을 내려더니
첨벙, 갑자기 비명을 지르며
출렁이던 햇살은 놀라 줄행랑치고

진주로 이사한 새집에 키다리우물 속에서도
그 방긋이 웃든 햇살은 다시는 볼 수 없었다.

호박꽃

뒤뜰 에 웅덩이 쇠똥거름주고
온갖 정성에 환하게 웃는 호박꽃
줄기마다 손바닥 펼쳐 들고 무엇을 달래는지

지나가는 소나기 빗방울 또르르
호박잎 끝에서 재롱을 떤다.

어디서 날아와 호박꽃 암술위에 내려앉는
벌 한 마리 아침이슬 날개로 틀어내고
사뿐히 앉는다.

노란꽃잎 끝자락 애호박 태어나고
울지도 않는 아기는
귀하디귀한 울 엄마 첫손자다

울타리 밖에 산딸기 주렁주렁 엄마를 닮았네.

울 엄마 고단함
무당벌레 빨간 등짐 지워 보내고
누렇게 익어가는 호박에 볏짚방석 깔아준다.

하얀 추억

언덕바지 오두막집
엄마 치마폭에 쌓여있던
정겨운 미싱 소리
엄마의 머리엔 늘 바늘이 꼽혀있었다.

칠월이면 울타리 밖 산딸기
담을 넘겨다보고
가을이면 대밭 속밤들이
바람 부는 날이면 우두둑 알밤들이
나를 기다리던 고향집

엄마의 추억이 쌓여있던
그 자리엔
지금은 울창한 숲이 앉아있다.

유품

이 그러진 참빗사이로
하얀 머리카락 한 올 한 올

어머니가 남긴 애장품
상상의 세계에서 품에 안긴다.

기억도 희미하게 지웠다 다시 쓰고
지웠다 다시 쓰고
안경 속으로 다가서는 아련한 추억
그것마저 이슬에 젖은 심상이

덜컹거리는 지하철에 허기진 배를
실고 어둠속을 달린다.

어느 날 겨울

아궁이에서 타 닥, 타 닥, 타는
향긋한 솔 냄새가 전해오는
매운 연기에 눈물로 일그러진 가슴이
알 수 없는 설렘으로 돌아 선다

나무하러 산속으로 들어갈 땐
금빛 솔잎이 휘날리는 모습이 너무나 좋아
혼자서 무서움도 잊어버렸다.

소년은 자기보다도 큰 지게위에
바구니를 매달아 솔잎을 가득 채워
산을 내려 올 때는 어둠이 뒤따라와
무서움이 지개를 억눌러
작은 체구의 균형을 잡아주었다

황금솔잎 눈보라치는 겨울에
꿈속에 혼자서 나무를 하러간다.

솔잎이 타는 향긋한 냄새는 아직도
코끝을 스쳐 펜 끝으로 묻어 흐른다.

음메

산기슭 파란 풀밭에는 음 ~ 메
소들의 한가로운 외식 시간

개구쟁이소년들 저수지에
목 감다 말고
난데없이 장난기발동
자기집소를 데리고 내려오더니

저수지 깊은 물속으로
밀어 넣고 등에 올라앉자
놀란 소가 개구쟁이소년을 떠 밀치고
물 밖으로 내 달린다

눈이 크고 맑고 영롱한 소의 눈에는
우직함이 서려있지만
겁이 많고 물을 싫어하는 소들

어디론가 숨어버린 소를
온 산과 들을 찾아 헤매다
동네 어른들은 새벽을 뜬눈으로 새고

보이질 않는 시름 앞에
아침이 밝아서야
싸리문을 밀고 돌아온 소의 일성
음 ~ 메
반가운 귀전을 때린다.

추석성묘

금오산 건너보며 불쑥 자라버린 장송들 사이
몸을 한 것 낮추신 부모님
셋째아들내외 반가워 버선발로 뛰어 나오신다

글썽한 눈물로 아들의 술잔 받으시며
떡을 좋아하신, 아버님 아이스 케익 뚝 잘라
임자, 현대식 떡이네 한번 먹어 보소
정겨운 미소로 어머니, 며느리 손을 쓰다듬고

하직인사 드리고 내려가다 풀뿌리에 미끄러진
며느리 멀찌감치 보시던 어머니
왕 개구리 시켜 일으켜주시고
서지도 걷지도 못하던 아내는 너무나 신통해한다

숙부님, 찾아뵈니 참 다래 한 넝쿨 따주시며
알밤 도토리 쥐어준 게 적다고 아쉬워하는
당신형님 달래시고 멀찌감치 흐뭇 미소

어머니 치맛자락 붙잡고 산을 오르듯
언제나 정겨운 산길
부모님 사랑 알밤 속에 숨겨두시고
도토리 속에 숨겨진 그리움 술잔 속에 빠지고

달빛 속에 떠오르는 그리움
허망한 가슴 달래시느라 그렇게도 애처롭게 보시던
당신의 눈빛 가슴속에 젖어들고
보름달 속에 불타오르는 그리운 아버님

섬진강

하동포구 팔 십리 그림 같은 내 고향
어머니 젖줄 같은 강 자락에
통통 배 포물선을 그리며 강줄기 타고 오르면
어디 천하에 화백인들
그렇게 아름답게 그릴 수 있으리

쌍계사 옆에 끼고 굽이굽이 돌고 돌아
강 포구에 와 닿으면 강 건너 어부들
불러다 싸움 붙여놓고 부상으로
돌김과 재첩을 내밀던 섬진강

강 건너 억센 사투리 쌍계사고개에
불러놓고 하동포구 아가씨 수줍음
벚꽃 속에서 사돈을 맺어주던 중매쟁이

노량진 앞바다에 뿌리박은 섬진강은
민족의 영웅 이순신의 혼이 서려있다.

제5부

울 엄마

울 엄마

장미옥

산머리부터 고운단풍을 이고
내려오던 가을
필봉 산 은빛물결 억새바람
산 중턱 일렁이며 노니다가
황금들판에 눌러앉아
"여보게,
참새 한 마리 구워 소주한잔 하세나"
하릴없는 농담 허수아비에 던진다.

메뚜기도 한철이라 부작 대기도 분주한데
울 엄마 동동걸음 머리 수건동여매고
찬 서리 내리기전 텃밭고추 따고
갱분 밭에 고구마 캐서 어린자식들
주전부리 쟁여놓고
늦은 저녁아궁이에 불을 지피신다.

귀뚜라미 울어대는 달 밝은 밤이면
야속한 님 그리워 푸념하듯
"이 어린것들 두고
뭐가 그리 급해 벌써 갔을꼬."

돌아앉아 눈물 훔치시던 울 엄마도
여자였습니다.

노닥노닥

장미옥

옥아
너는 너 그 아부지 안보고 싶나?
응, 내는 안보고 싶다
얼굴도 모르는데 뭐가 보고 싶노
어무이는 보고 싶나?
가시나… 너 그 아부지는
아파 누워 있으면서도 너 불쌍하다고
울리지 말라고 맨 날 야단치고 안 그랬나?
백일도 안 된 핏덩이 너를 두고
발이 안 떨어져 그 먼 길 어찌 갔을꼬
막내울음소리는 저승까지 들린다는데
옥아
응,
너 거 아부지 산소 갈 때는 꼭 사탕
한 봉지 사가지고 가거레이, 사탕을 참 좋아 했니라
참 따뜻한 사람이었는데 정도 많은 분이였지.
학교공부마치고 나면 반아들 손잡고
또랑에 데꼬가 한 명씩 한명씩 씻기고
겨울에는 우리 집 여물 삶는 솥에 안쳐놓고
씻기는 기라 손 튼다고 소죽물에 씻기면

매끈매끈 하거든, 너도 생각나제
너 그들은 겨울에도 손발이 항상 깨끗했단다.

오늘밤에는 너 그 아부지가
참 많이 보고 싶다. 무정한 양반……
어무이는
그 이후에도 한참이나 어린 딸과 노닥노닥
그리움을 채워갔다.

어머니의 곶감

장미옥

하얀 새털구름 파하란 하늘에 펼쳐놓고
마당에 뛰어 놀던 복 실이 하품을 한다.

가을하늘 맴돌다 지친 고추잠자리
나뭇가지 끝에서 낮잠을 자나보다

감을 깎아 처마 밑에 주렁주렁 매다시는
어머니, 말랑말랑 하던 홍시는
뽀얀 분가루 꽃피워 새 단장을 하고
쫄깃한 곶감으로 다시 태어났다

어머니의 손끝은 까맣게 물이 들고
갈라져 피가 나도 자식사랑에
생인손, 쉴 날이 없다.
열 개씩 실로 꼭꼭 묶어 놓으시고

굵게 주름진 이마에 송골송골 맺힌
땀방울 손등으로 훔치시며
이제나저제나 팔남매 발길 기다리신다.

막내딸

장미옥

따사로운 봄볕은
아지랑이 앞세운 안개처럼
피어오르는 그리운 어머니

그렇게도 애틋한 가슴에
목련꽃 붉게 피우시던 당신
아쉬움에 들썩이는 막내딸어깨를
다독거리시던 어머니

오월이 오면 말없이 눈물짓게 하는
그리운 어머니

그 따뜻한 눈빛 속에,
세상의 아픔도 슬픔도 감추시고
떠나보내는 자식을 바라보며
아쉬움에 눈물짓던 나의 어머니

"옥아, 잘 살 거래 이"

도시의 방랑자

장미옥

해질녘
가을바람을 탓할 사이도 없이
맥없이 뚝 떨어진 낙엽은
길 위에서 뒹굴다 갈 곳을 잃고
노숙을 한다.

꿈을 접은 나그네 길을 잃어버리고
스산한 바람은 옷깃을 여미게 하고
몰래 스며드는 찬바람은
그리운 사람이 더욱 그리워진다.

서산에 노을도 빛을 잃은지 오래
어둑어둑 해진 가로수길
외로운 방랑자 되어
차가운 도시의 밤거리를 헤매고 있다.

忌日 막내사위

장미옥

싸락눈위에 내려앉는 은빛그리움
젖어드는 어머님기일

쏟아지는 눈보라 속에 마지막
떠나보내 드린 눈보라 휘날리던 그날

막내딸 보고 싶어
싸락눈 타고 내려오는 은빛그리움

눈물 속에
세월이 갈수록 짙어만 가는
그리움 하얗게 녹아내려 가슴 젖는다.

시평

자연 친화적 동심과 그리움,
仁의 실천적 시 세계

문인선

공범식 시집 『봄이 오면』 시평

자연 친화적 동심과 그리움, 仁의 실천적 시 세계

문인선 시인/평론가

공범식, 그는 시인이며 소설가이다. 그는 늦깎이 문학의 길로 접어들어 한꺼번에 두 마리의 토끼를 잡은 작가이다. 그는 숨 쉴 틈조차 주지 않는 열정을 뿜어내는 작가이다. 그동안 손끝이 가려워서, 가슴이 뜨거워서 어찌 견뎠을까 싶다. 새벽일 나가는 직장을 가진 직장인이기도 한 그가 소설 창작열에 불타고 있는가 하면 어느새 시를 들고 나온다.

시속으로 들어가 보자

그의 시에서는 사해 모든 만물이 다 평등한 인격체이다, 그의 시에는 지극한 동심으로 쓰는 그리움이 가득하다. 그 그리움의 대상은 어머니이다. 대부분의 사람들은 시간이 지나갈수록 그리움이든 사랑이든 농도가 옅어 가는데 시인은 "세월이 갈수록 짙어만 가는/은빛 그리움 눈물 속에 젖어 든다" 시 <기일>에서. 그의 이 간절한 그리움은

승화되어 시가 된다. 이 시집의 표제가 되는 시 <봄이 오면>은 노오란 개나리 울타리가 온통 그의 사모곡이 되고 있다. 또한 연민과 자연 친화적인 그의 시에서는 새벽을 여는 고단함 속에서도 공자의 도덕적 철학의 중심사상인 仁의 실천을 볼 수 있다.

1. 동심으로 쓰는 그리움의 시

늘상 어머니에 대한 그리움을 안고 살아가는 시인, 하여, 시인의 주변 모든 대상들이 다 시인의 마음을, 그 그리움이 누군지도 알고 서로 위로하고 안부를 주고 받는다. 시 <공감>에서. 또 무언가? 아직도 못다 한 공부, 따야 할 자격증이라도 있나 보다. 스스로 수험생이라 칭하고 있다.

산꿩도 까치도 시인이 그리워하는 어머니에 대한 말은 차마 못 한 채 숨겨놓고 '시험공부 잘돼 가냐'고 은근히 안부를 전해 오나 보다. 참 아름다운 교우다. 그런데 여기서 주목할 부분이 있다. "창밖 뒷산 까치가/ 자꾸만 말을 걸어 온다" -중략-"책상머리에 앉은 수험생에게 /어쩌란 말인가"라고 한다. 이 시적 화자는 까치의 말 걸기 소리에 거절을 못한다. 지금은 수험준비에 여념이 없는 시적 화자, 그러나 화답하고 함께 놀아 주어야 한다. 그걸 거절하기란 어려운 시험을 치르는 일만큼이나 마음이 힘들다. 이는 이 시적 화자의 여리고 고운 동심을 고스란히 보여

주고 있는 대목이다. 참 결 곱고 인정 많은 시인이다.

창밖의 뒷산 까치가
자꾸만 자꾸만 말을 걸어온다.
까 깍, 까 깍깍 까 깍깍
책상머리에 앉은 수험생에게
어쩌란 말인가
휴일아침에 친구들이 없어
심심한 게로구나
그게 아니라고 그 듣고 나서는 산새소리
지지배배 지지 배배
모처럼 산 꿩 소리도 안부를 전해온다

그리운 임을 생각하는 나를
읽은 게로구나

- 공감

이렇게 새면 새 풀벌레면 풀벌레 자연 속 미물의 마음까지도 헤아리는 시인의 마음은 진정 아름답고 순수하다.

그 순수하고 아름다운 심성은 어디서 온 것일까? 다음 시를 보면 쉽게 알수 있을 것 같다.

시 <호박꽃>을 보도록 하자.

어머니는 시골에서 농사를 짓고 사셨나 보다.

"온갖 정성에 환하게 웃는 호박꽃"

시적 화자는 어머니가 호박 한 포기를 심고 길러도 거름 주고 김을 매며 온갖 정성을 다해 기르는 것을 곁에서 보면서 컸다.

"하얀 미소 아래, 노란 꽃잎 끝 아기 호박이 태어나고/울지도 않는 아기는 귀하디귀한 울 엄마 첫 손자다"

어머니가 정성스레 키운 호박에서 꽃이 피고 호박이 열린 것을 보고

"귀하디귀한 울 엄마 첫 손자"라고 한다. 그만큼 엄마가 호박을 애지중지 첫 손자를 보듯 귀히 여기는 것을 본 아이는 커서도 그 식물들을 귀하게, 사람의 인격체로 대하게 된 것이다.

"울 엄마 천사 같은 미소 무당벌레 빨간 가방에 담아주고/무뚝뚝한 그분 地씨는 올려다보고 눈을 맞춘다."

엄마의 그 천사 같은 미소가 어찌 그립지 않겠는가. 이 한 편의 시속에서도 "천사 같은 울 엄마," "이쁜 미모의 울 엄마" "울 엄마"가 세 번이나 나온다. 그리움의 농도를 보여준다 할 것이다. 그러니 더욱 더 그 천사 같은 어머니의 품성을 그대로 시인도 물려받았겠다. 우리는 흔히 가정교육과 환경의 영향을 논한다. 환경이 사람을 만든다는 말을 여기서 알 것 같다. "비록 지극히 미미한 사물, 풀과 꽃과 새와 벌레도 모두 지극한 경지를 갖추고 있다"고 박종채朴宗采는 그의 아버지 박지원이 평소 자주 말했다고 그의 과정록過庭錄에 기록했던 것을 상기하면, 공범식 작가는 현장에서, 朴宗采는 학문으로 교육받은 것이 다를 뿐 같다고 하겠다.

뒤뜰에 웅덩이 쇠똥 거름 주고
온갖 정성에 환하게 웃는 호박꽃
줄기마다 손바닥 펼쳐 들고 무엇을 달래는지

지나가는 소나기도 호박잎에 쉬어가는
물방울들 호박잎 끝에서 재롱을 떤다.
어디서 날아와 호박꽃 암술 위에 내려앉는 벌한 마리
물방울 날개로 떨어내고 재착륙을 시도한다.

하얀 미소 아래, 노란 꽃잎 끝 아기 호박이 태어나고
울지도 않는 아기는 귀하디귀한 울 엄마 첫 손자다

울타리엔 산딸기 주렁주렁 울 엄마를 닮았다.
무당벌레는 빨간 가방 등에 지고 호박꽃잎
오르내리고 벌은 관제사도 없이 가뿐이 착륙을 한다.
울 엄마 천사 같은 미소 무당벌레 빨간 가방에 담아주고

- 호박꽃

그래서 세상의 모든 사물, 대상들, 땅까지도 공범식 시인의 가슴에는 다 사람의 인격체를 가졌다. 아니 사람과 똑같은 것이다. 하여, 공범식 시인은 자신의 시 세계에서는 의인화의 달인이 된다.

그의 평소 품성이 그렇다. 어찌 시와 사람과 그렇게 잘 들어맞을까 싶다.

땅의 성씨를 地로 부르며 연방 땅을 어머니의 연인으로 만들어 버린다.

'꽤 미모인 울 엄마를 地씨 그분이 은근히 좋아하나 보다'고 그래서 심는 것마다 좋은 열매를 가져다준다.'고 한다. 절창이다.

"울 엄마 천사 같은 미소 무당벌레 빨간 가방에 담아주고/무뚝뚝한 그분 地씨는 올려다보고 눈을 맞춘다."고 까지 한다. 귀찬 표현이다. 독자는 시를 읽는 내내 기분이 좋아진다. 동심, 순진무구한 어린아이를 대하는 심정이 되니 즐겁지 않을 수가 없다. 그의 시는 종알종알 아침 햇살같이 환한 아이의 얼굴로 다가와 근심 걱정이 절로 사라지는 기분이다.

하얀 옥양목 반바지 초록색 멜빵
가뿐한 차림새 동절기 추위도 아랑곳 않다

혹시나 얼지 않을까 깊은 구덩이
꾹꾹 눌리는 눈길만 바쁘다

소금물 찜질방 밤을 샌 초록 치마 아씨들
축 늘어진 고무다라이에 다소곳이 졸고

출가할 꽃단장 한차례 분주한데
엄동설한 장독대 시샘으로 진땀만 흘린다.

옥양목 반바지 총각과 꽃단장 분주한
초록 처녀와 합방하는 그날
장독대 곁눈질이 예사롭지 않다. - 김장독

시 김장독에서는 무와 배추의 혼합 김치를 두고 "옥양목 반바지 총각과 꽃단장 분주한/ 초록 처녀와 합방하는 그날"이라고 무를 반바지 총각으로 배추를 꽃단장한 처녀로 둔갑시키고 있다. 그러면서 "초록 처녀와 합방하는 그날/ 장독대 곁눈질이 예사롭지 않다"고 장독대가 시샘이라도 하는 양하고 있다. 이 시는 독자들에게 유머로써 웃음까지 선사하기도 한다. 이렇게 그의 시는 곱고 순결한 시심 그대로 독자들에게 미소와 함께 착착 귀여운 얼굴로 가슴에 와 안긴다. 이 김장독 또한 어머니와 연결된 것이리라.

2. 새벽을 여는 고단함 속에서도 仁을 실천하는 시 세계

인생이란 항상 웃고 살수만 있다면 얼마나 좋을까. 그러나 그게 마음먹은 대로 다 되지 않는다. 그러니 희로애락이 인생의 다른 이름쯤 되겠다. 그의 시에는 어쩔 수 없는 희로애락을 보여주고 있다. 그의 시에도 애환이 있고 한탄도 있고 눈물도 있다.

낡아빠진 그물망을 앞에 두고
터진 옆구리를 얽어매려니

갑자기 눈물이 핑 돌아서서
낡은 그물망으로 숨는다.

만감이 교차하는 심야 시간
어쩌다 세상이

비좁고 낡은 플라스틱
그물망 속으로 빠져들었는지

그나마 터져버린 옆구리로
눈물에 젖은 세상이 흘러나온다.

비닐 끈으로 터진 곳을 묶어 묶어주어도,,, - 잔영殘影

위 사유 깊은 시 <잔영殘影>에서 그물망은 시적 화자의 생(삶)에 대한 비유다.

낡은 그물망에 잡동사니 쓰레기들을 넣고 터진 옆구리를 묶고 묶다가 '자신의 처지와도 같구나' 싶은 심사에 빠져드니 눈물이 났을 것이다. 그러다 보면 한탄도 나오고 세상에 대한 원망도 잠시 하게 될 것이다. "터진 곳을 묶고 묶어 주어도" "눈물에 젖은 세상이 흘러나온다" 상처란 다독여도 자꾸 드러나는 법이니까. 독자도 코가 찡하게 울림이 큰 시다. 시인이여, 차라리 터진 대로 그냥 두어라. 아물 때 있을 테니!

딩동딩동
아침 일찍부터 요란한 초인종 소리에

현관문을 열었더니
차가운 봉투 속에 겨울이 들어있다.
지난해 그렇게도 나를 힘들게 하고
온다간다 말도 없이 떠나더니
불쑥 찾아온 겨울이 싫어 속상한 마음에
답답한 창문을 열었더니
아름드리 가을 단풍이 손을 흔들며
작별 인사를 한다.
지난해 가을에도 아쉬움만 주고 간
고운 단풍잎은 겨울을 배달시키고
바람을 따라 떠나간다.
자연은 아름다운 고통을 전해주며
선택을 바라본다.
인생에 사계절이 있다면 부럽기만 한
자연에 물어본다.
인생도 되돌릴 수 있는지를 그렇다면
태양의 용광로 같은 여름이면
시베리아 같은 겨울이라도 고운 단풍잎
처럼 사랑할 수 있을 것을 - 인생사계절

위 시는 시적 화자가 계절의 순환, 사계절을 이웃처럼 친구처럼 서로 손 흔들며 이별하고 맞이하면서 인생도 사계절이 있다면 좋겠다고 부러워한다. 계절은 가면 늘 다시 찾아오니 그것이 부러운 것이다. 그렇다 가버린 계절이 다시 오듯 우리 인생도 되돌릴 수 있다면 얼마나 좋겠느냐고 그럼 용광로 같은 여름이든 시베리아 같은 겨울이라도 고운 단풍잎처럼 사랑할 수있을 것이라고 되돌릴 수 없는 생의 계절에 아쉬워한다. 누구나 흔히 아쉬워하는 보편적 정서를 <인생사계절>이란 제목으로 잘 대변하고 있는 작품이다.

풀벌레소리 애처로운 새벽
간밤에 쏟아진 빗방울 가득 찬
가슴의 문을 열고 시를 쓴다.

애달픈 풀벌레 소리 멈추고
새벽길 어딜 그렇게 바삐 가느냐고
내에게 물어 올 때,
풀벌레들의 연약한 심성 다칠까
고달픈 일상을 말해 주지 못했다.

간밤에 엄청나게 쏟아지던 빗방울들은
어디로 가고 움푹 패 인 길모퉁이
세상의 아픈 상처 보여주듯 깊게 고여 있다.

수많은 사랑과 이별이 오고가는
철길을 따라 전해오는 가슴을 열고
행복한 세상의 문을 두드려본다. - 새벽을 여는 사람들

그의 시에는 자주 새벽이 나온다. 밤 내내 일을 하거나 새벽에 출근해야 하는 직업이겠다.

새벽에 움직이는 사람들은 남 먼저 일어나야 하고 남 늦게까지 일해야 하는 사람들일 것이며 가장 부지런한 사람들이다.

그럼에도 그의 시심은 역시 변함없는 동심, 풀이거나 벌레거나 새거나 모든 만물을 연민으로 바라본다. 하여, 친구고 대화의 대상이다. 이 시의 새벽은 풀벌레가 애처롭게 우는 새벽이다. 그 울던 풀벌레가 울음을 멈추고 시적 화자를 보고 "새벽길 어디 그리 바삐 가냐"고 묻는다. 시적 화자는 그 물음에 대답을 못 한다고 한다. 왜냐면 자신의 일이 너무 고달픈 일이므로, 삶의 무게에 짓눌린 하루하루가 얼마나 힘겨운지 그 심정을 차마 말하지 못한다. 혹여 그 사연 듣고 나면 저 가엾은 풀벌레 마음이 아플까 봐서다. 필시 자신의 고달픈 사연을 자식들과 가족들에게도 다 말하지 않을 것 같다. 대상에 대한 연민에 가득 찬 이 시적 화자는 풀벌레까지도 마음 아파할까 봐 혼자만 아프겠단다. 웬만한 사람들이라면 자신의 심정을 하소라도 할 것이건만 듣는 상대가 마음 아파할까 봐 그 상대의 마음을 먼저 헤아린다.

공자의 도덕철학의 중심사상 인仁은 사람을 사랑하는 것으로 정의하고 더 나아가 소극적 차원과 적극적 차원으로 나누는데 소극적 차원은 자기가 하고 싶지 않은 것을 남에게 하지 않는 것이다.

내가 힘든 심사를 상대와 공유함으로써 상대도 그 아픔까지 나누게 되는 것이다. 그러니 그것을 이 시적 화자는 경계하는 것이다.

하여, 새벽을 여는 고단함 속에서도 연민과 동심으로 쓰는 그의 시 쓰기는 공자의 仁을 실천하는 것이라 할 것이다.

아마도 그 풀벌레도 눈치챘으리라. 그리고 서로를 더 걱정했으리라.

저 마음 여린 시인은 빗물에 움푹 패인 길의 웅덩이를 보아도 세상의 아픈 상처로 보인다. 그런 그지만 늘상 희망을 잃지 않는다. 그래서 스스로가 더 열심히 살아가는 것인지도 모르겠다. 그의 시 <샐러리맨>은 "새벽이슬 잠이 덜 깬 이른 새벽/ 출근길 샐러리맨 /하늘의 목화 꽃길을 달린다."

그의 앞길이 목화꽃 길을 달릴 수 있기를 바라며

첫 시집 상재를 축하한다.

공범식 시집
봄이 오면

초판1쇄 발행 2023년 10월 20일

지은이 공범식
펴낸이 이길안
펴낸곳 세종출판사

주소 부산광역시 중구 흑교로 71번길 12 (보수동2가)
전화 051 – 463 – 5898, 253 – 2213~5
팩스 051 – 248 – 4880
전자우편 sjpl5898@daum.net
출판등록 제02-01-96

ISBN 979-11-5979-633-3 03810

값 13,000원